공룡TV

티라노사우루스

학명_Tyrannosaurus | 뜻_폭군 왕 도마뱀
티라노사우루스라는 이름은 '폭군 왕 도마뱀'이라는 뜻을 가지고 있다.

티라노사우루스
Tyrannosaurus

살았던 시기와 장소 : 백악기 후기
중생대[MESOZOIC ERA] : 약 2억 3천만년 전 ~ 1억 6천만 년간 '공룡'이 살던 기간
식성 : 육식
달리기 속도 : 시속 약 50킬로미터
몸길이 : 체중_7톤 | 길이_13미터 | 키_6미터

공룡
- 조반목
  - 원시 조반류
  - 검룡류
  - 곡룡류
  - 조각류
  - 마르기노켈팔리아
    - 후두류
    - 각룡류
- 용반목
  - 원시 용각류
  - 용각류
  - 수각류
    - 원시 수각류
    - 테타누라
      - 조류
        - 드로마에오사우루스류
        - 티라노사우루스류
      - 알로사우루스류
      - 스피노사우루스류

파충류
- 하늘파충류 — 익룡
- 바다파충류 — 수장룡

트라이아스기 | 쥐라기 | 백악기

생물학적 분류

티라노사우루스는 골반 구조가 도마뱀과 비슷한 용반목에 속하는 공룡이다.
용반목 구분 안에는 여러 개의 종류로 다시 나뉘는데, 티라노사우루스와 같이 두 발로 걸어 다니는 육식공룡을 수각류라고 한다.

유럽
아시아
아프리카
북아메리카
남아메리카
오세아니아

화석 발견

티라노사우루스의 화석은 북아메리카와 아시아에서 많이 발견되었는데, 주로 미국 서부와 동아시아 지역에서 많은 양의 화석이 발견되었다.

강력한 턱과 이빨

티라노사우루스는 한번 문 먹이는 절대 놓치지 않을 만큼 강력한 턱을 가지고 있다.
이빨 또한 먹이를 놓치지 않게 잘 발달되어 있는데, 길이는 30센티미터나 되고 이빨의 끝은 톱니 모양을 하고 있어 먹이를 자르거나 베는데 효과적이다.

크고 튼튼한 뒷다리와 꼬리

이족보행을 한 티라노사우루스의 뒷다리는 크고 강대하고, 큰 몸집을 가졌음에도 사냥감을 쫓을 때는 시속 50킬로미터의 속도를 내서 뛸 만큼 튼튼하다.
머리가 무거운 티라노사우루스의 균형은 길고 거대한 꼬리가 중심을 잡아 준다. 또한 턱을 구성하는 근육만큼이나 꼬리를 감싸고 있는 근육이 튼튼하여 꼬리를 휘둘러 사냥감을 후려치기에 안성맞춤이다.

30센티미터나 되는 큰 이빨과 강력한 턱으로 한번 문 먹이는 절대 놓치지 않는다.

트리케라톱스

학명_Triceratops | 뜻_세 개의 뿔이 있는 얼굴
트리케라톱스라는 이름은 '얼굴에 세 개의 뿔이 있다'라는 뜻을 가지고 있다.

트리케라톱스
Triceratops

살았던 시기와 장소 : 백악기 후기
중생대[MESOZOIC ERA] : 약 2억 3천만년 전 ~
6천만 년까지 1억 6천만 년간 '공룡'이 살던 기간
식성 : 초식
몸길이 : 체중_6톤 | 길이_9미터 | 키_3미터

생물학적 분류

트리케라톱스는 골반 구조가 새와 비슷한 조반목에 속하는 공룡이다. 조반목 구분 안에는 여러 개의 종류로 다시 나뉘는데, 트리케라톱스와 같이 코 주위에 뿔이 있고 둥근 목장식이 달린 종류의 공룡을 각룡류라고 한다.

| 2억만 년 전 | 트라이아스기 Triassic | 1억 8천만 년 전 | 쥐라기 Jurassic | 1억 3천5백만 년 전 | 백악기 Cretaceous | 6천5백만 년 전 |

중생대 [Mesozoic era] : 약 2억 3천만 년 전부터 6천만 년까지 1억 6천만 년간 '공룡'이 살던 기간

출현 시기

백악기 후기
지금으로부터 2억 6천만 년 전 공룡들이 살았던 중생대는 트라이아스기, 쥐라기, 백악기, 총 세 개의 시기로 분류되고, 트리케라톱스는 백악기 후기에 살았다.

출몰 지역

옆의 지도는 현재 지도와는 모양이 다른 백악기의 지도이다.
표시되어 있는 점은 트리케라톱스가 살았던 지역이다.

서식지

트리케라톱스는 강기슭이나 초원지대에서 서식하였다.

화석 발견

북아메리카 일대에 살던 트리케라톱스의 화석은 미국 서부에서 발견되었다.

주요 특징

트리케라톱스의 주요 특징은 코와 눈 위에 있는 뿔인데, 코에 있는 뿔보다 눈 위에 있는 한 쌍의 뿔이 더 길게 자라 있다.

뿔의 길이는 최대 1미터 이상 자라서 육식 공룡들에게 맞서 싸우거나 수컷 공룡들이 예쁜 암컷 공룡들을 힘겨루기로 차지하기 위해 쓰였다.

입 또한 특이한 점 중의 하나로, 앵무새의 부리처럼 독특하게 생겼다. 새부리 모양의 입은 연한 새싹과 과일 등을 손쉽게 먹을 수 있도록 발달했다.

트리케라톱스들은 난폭한 육식 공룡들에게 괴롭힘을 당하지 않기 위해서 무리를 지어 이동하며 살았다.

트리케라톱스를 보면 앞다리보다 뒷다리가 좀 더 굵게 발달해 있다.
이 점을 유추해 보면 트리케라톱스의 조상들은 두 다리로 걸어 다니던 공룡이란 걸 알 수 있다.

눈 위에 있는 한 쌍의 뿔이 제일 길었고 최대 1미터 이상 자랐다. 뿔르는 자신을 방어하거나 암컷에게 구애를 하기 위해 쓰였다.

입이 새의 부리 모양을 닮아 뜨이를 쉽게 먹을 수 있었다.

앞다리에 비해 뒷다리가 크고 튼튼했다.

배틀갤러리
티라노사우루스 VS 트리케라톱스

Dinosaur Battle
공룡배틀백과

초판 인쇄 2019년 1월 17일
초판 발행 2019년 1월 22일

펴낸이 진수진
펴낸곳 공룡TV

주소 경기도 고양시 일산서구 하이파크 3로 61
출판등록 2013년 5월 30일 제2013-000078호
전화 031-949-3418
팩스 031-949-3419
전자우편 meko7@paran.com

*낙장 및 파본은 교환해 드립니다.
*본 도서는 무단 복제 및 전재를 법으로 금합니다.
*저자와의 협의하에 모든 저작권은 공룡TV에 있습니다.